AF357927

ÉPITRE

A MONSIEUR L'ABBÉ L·······,

par **J. R.**

Tiré à vingt-cinq exemplaires. Ne se vend pas.

IMPRIMERIE DE A. GUYOT,
rue N^e-des-Mathurins, 18.

A Monsieur l'Abbé C·······.

Batignolles, Mars 1852.

La modération est le trésor du sage,

A dit un grand poëte : adoptons cet adage

Et soyons modérés. Or, vous ne l'êtes pas

En un point, cher abbé ; donc pour moi c'est le cas

De vous gronder un peu. Le talent de la chaire

Vous entraîne trop loin : cette ardeur est contraire

Au bien de la santé. Déjà votre docteur
Ferma plus d'une fois la bouche à l'orateur :
Il veut que désormais vous prêchiez l'Évangile
Sans vous trop échauffer et le sang et la bile ;
Ecoutez ses conseils, abrégez vos sermons,
Et ne nous faites plus trembler pour vos poumons.
Habile professeur à l'école des Carmes,
Aumônier d'un couvent, poste rempli de charmes,
N'est-il pas merveilleux que vous trouviez le temps
De faire dans l'église entendre vos accents ?

Avant que le trépas m'allonge un coup de griffe,
L'objet de mes souhaits est de vous voir pontife,
Soigner votre troupeau comme le bon pasteur
Et joindre à votre nom celui de monseigneur

Que si je pouvais vivre autant que la corneille [1],

Je voudrais qu'un chapeau de couleur de groseille,

Décorant votre chef, égayât mon déclin,

Car j'en rirais, à rire étant toujours enclin.

Que deviendront ces vœux si l'ardeur vous emporte ?

Avec vos chers parents ainsi je vous exhorte

A la tenir en bride. Il faut qu'à vos travaux

Se mêlent prudemment des instants de repos :

Par là je n'entends point demeurer à rien faire,

Mais détendre l'esprit par quelque œuvre légère

Qu'un abbé peut choisir dans Horace ou Gresset,

Sans que le décorum de s'en plaindre ait sujet.

Lorsque, docile aux soins qui doivent vous refaire,

Il vous sera permis de remonter en chaire,

[1] Cet oiseau, suivant Buffon, vit quelquefois un siècle.

A quels égarements, à quelles passions

S'adresseront d'abord vos exhortations ?

Les ferez-vous tomber sur les socialistes ?

Pourront-elles ouvrir les yeux des utopistes ?

Ne leur direz-vous pas que la fraternité,

Quand on la comprend bien, n'est que la charité ?

Tonnez contre l'orgueil, tancez l'hypocrisie,

Menacez de l'enfer la basse jalousie,

Prêchez la patience et la sincérité,

Et ne négligez pas surtout votre santé.

Ce serait volontiers que j'irais vous entendre ;

Mais j'ai l'oreille dure et le cœur encor tendre,

Et rien que vous ouïr sur l'infidélité,

Censurer le beau sexe avec austérité

Pourrait m'apitoyer sur de telles faiblesses

Jusqu'à vous trouver rude envers les pécheresses.

Si, muni par hasard d'une heure de loisir,

Vous m'en faites cadeau, quel n'est pas mon plaisir

D'agiter avec vous dans ma capucinière

Plus d'une question ardue ou familière,

Et de nous récréer en parlant des auteurs

Qu'enfanta le grand siècle et qui sont les meilleurs !

Bien heureux, au milieu de nos vicissitudes,

Ceux qui gardent le goût des charmantes études,

Qui de le propager, comme vous, prennent soin,

Et d'orner leur esprit éprouvent le besoin.

Quelques vers châtiés, de la prose bien faite

Ne valent-ils pas mieux que les discours que jette

Du haut de la tribune, en son affreux patois,

Un député normand, gascon ou de l'Artois ?

La docte antiquité qu'aucun âge n'efface,

Unit simplicité, force, vérité, grâce.

Quelle douceur pour vous d'entendre Homère en grec,

De faire à ses beaux vers un grand salamalec,

De lire dans leur langue Euripide et Sophocle

Et le sublime auteur qui peignit Étéocle [1] !

Est-il vrai que le goût que j'ai de bouquiner

A vos autres penchants s'est venu combiner,

Et que, peu satisfait d'exercer votre plume,

Vous reveniez des quais chargé de maint volume ?

Quand vous serez épris d'un charmant Elzévir,

Pour quatre fois dix francs vous pourrez l'acquérir.

Que si chez Guichardot de Berghem une eau forte

Avant le numéro de plaisir vous transporte,

Achetez-la, dût-il vous la vendre aussi cher

Qu'un livre singulier se vend chez Techener.

1 Eschyle.